〈안예진 시인 섬유 채색 작품〉

- 대한민국 전통미술대전 섬유채색 부문 특선 -

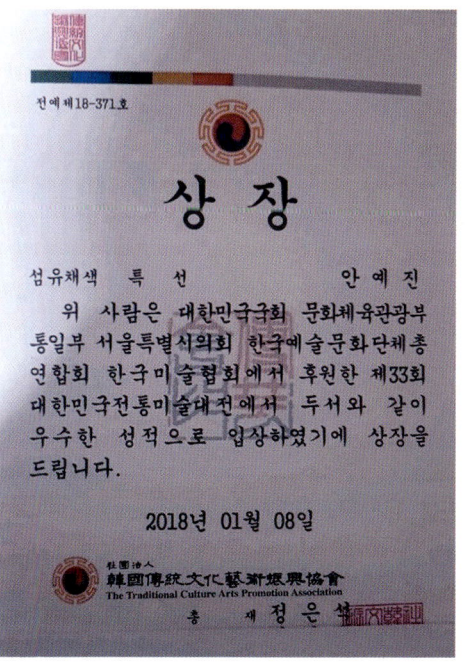

〈안예진 시인과 어머니 임말순 님〉

〈안예진 시인과 아들 김두연(오른쪽) · 김태호 군〉

주간 한국문학신문

http://www.korea-news.kr 2018년 4월 11일 (수) 《제349호》

안예진 시인 시 '당신의 사랑' 시비 건립

충남 보령시 《시와 숲길 공원》에
뒷면엔 허만길 문학박사 '안예진 시인의 문학 재능 기림' 글

▲ 시비 앞에 선 안예진 시인

지난 3월 안예진(강원도 원주) 시인의 시 당신의 사랑이 충남 보령시《시와 숲길 공원》에 시비로 건립되었다. 《시와 숲길 공원》에는 한국현대문학100주년 기념탑, 항일민족시인추모관, 한국문인의 불후자료 100년 보존 타임캡슐과 더불어 많은 시인들의 시비가 세워져 있다.

오석(흑용아) 검은색 바탕에 하얀 글씨를 새겨 빛이 나게 한 시비는 높이 120cm, 너비 220cm 규모이다. 시비의 앞면에는 시 '당신의 사랑'과 약력이 새겨지고, 뒷면에는 문학박사 허만길 시인의 글 '안예진 시인의 문학 재능 기림'이 새겨졌다.

이 공원 첫 시비의 시 '대한민국 상하이임시정부 자리를 중국 상하이에서 물고 대한민국 광복 후 최초로 대한민국임시정부자리 보존운동을 펼쳐 성과를 거둔 허만길 박사는 안예진 시인의 스승이기도 한데, '안예진 시인의 문학 재능 기림'에서 안 시인은 "그전에 시 공부를 한 적이 없었음에도 시 공부 6개월 만에 시인으로 등단할 수 있었고, 그 뒤에도 그의 시의 재능은 신기하였으므로, 그의 천부적 문학 재능을 특별히 기린다."고 하고, "안예진 시인은 시의 내용에서 아름다운 마음이 맑게 비치고, 소재를 다루는 감성이 뛰어나고, 형상화하는 기량이 다양하고, 실구법이 매우 재치있고 함축적이다."라고 했다.

허박사는 안예진 시인의 시비 건립에 대해 "안예진 시인의 시가 좋을 뿐만 아니라, 안 시인처럼 어떤 어려운 여건에도 굽히지 않고 이름을 이겨내면서, 재능을 발휘할 수 있는 노력을 하면서 누구나 영광을 얻을 수 있다는 본보기가 될 것이다."라고 했다.

8남매 가운데 일곱째로 태어난 안예진 시인은 어려운 가정 형편으로 중학교 2학년 수료 후 고등학교입학자격 검정고시 합격을 거쳐 36살(2005년)에 원주고등학교 부설 방송통신고등학교를 졸업하고, 허만길 박사로부터 시 재능을 인정받아 시 공부 6개월 만에 《순수문학》 2017년 12월호 신인작품상 시 당선을 통해 시인으로 등단하였다.

〈정신형 기자〉

주간 한국문학신문

http://www.korea-news.kr 2017년 12월 20일 〈수〉 (제334호)

중학교 중퇴, 방송통신고 졸업 안예진 씨 시인 등단 화제
학벌 위주 능력 평가 극복한 영광
허만길 문학박사의 시 재능 느껴진다는 말에 시 공부

▲ 안예진 시인

가정 형편이 어려워 중학교 2학년 수료 후 자퇴하고, 고등학교 입학자격 검정고시 합격을 거쳐 36살에 방송통신고등학교를 졸업한 안예진 씨가 48살에 시인으로 등단한 것이 큰 화제와 감동을 불러일으키고 있다. 방송통신고등학교는 한국교육개발원에서 실시하는 방송 수업과 일반 고등학교 부설 방송통신고등학교에서 실시하는 월 2회 일요일 출석 수업으로 공부하는 교육 제도이다.

안예진 씨는 《월간 순수문학》 2017년 12월호 신인 작품 응모를 통해 심사 당선되었으며, '장남', '할머니', '빗소리', '바다', '그리움' 등 7편이 문학지에 소개되었다. 안예진 씨의 등단은 단지 안예진 씨 개인의 영광에 그치지 않고, 우리 사회에 널리 퍼져 있는 외형적 학벌 위주 능력 평가를 극복한 사례라는 점에서 우리 사회 모두의 영광이기도 하다.

8남매 가운데 일곱째로 태어난 안예진 씨는 아버지가 16년간 중풍으로 병석에 누웠다가 세상을 떠나게 되는 등 온 가족이 경제적 어려움을 겪어 방송통신고등학교 진학마저 쉽지 않았다고 한다. 그리하여 두 아이의 엄마가 된 뒤에야 원주고등학교 부설 방송통신고등학교에 진학하여 아이들도 키우고 직장에도 다니면서 공부하게 되었다고 한다.

안예진 씨가 시 공부를 하게 된 계기는 《월간 순수문학》에 실린 당선 소감문에서 "2017년 5월 어느 날 어느 선생님께서 나의 모습에서 시 재능이 느껴지므로 시를 공부해 보라고 하셨다. 살아 내느라고 내 꿈이 무엇이었는지조차 잊고 지낸 시간에 햇살의 줄기가 비치었던 것이다."라고 한 데서 알 수 있다. 안예진 씨는 그 어느 선생님이 문학박사 허만길 지도가 빠라 6개월 만에 시인 작품 응모

◇충남 보령 '시와 숲길 공원'에 건립된 자신의 시비 앞에 선 안예진 시인.

안예진 시집

첫사랑 당신

이 도서의 국립중앙도서관 출판예정도서목록(CIP)은
서지정보유통지원시스템 홈페이지(http://seoji.nl.go.kr)와
국가자료공동목록시스템(http://www.nl.go.kr/kolisnet)에서
이용하실 수 있습니다. (CIP제어번호 : CIP2018015720)

안예진 시집

첫사랑 당신

Ahn Ye-jin's Poems, 『The First Love, You』

with Ph.D./Poet Hur Man-Gil's Critical Essay, 「Poet Ahn Ye-jin's Poetic Talent and Characteristics of Her Poems」

May 11, 2018

표지그림__안예진

순수

Pure Literature Publishing

#202, Hyeopsung BLDG, Toegye-ro 48-gil, Jung-gu,
Seoul, the Republic of Korea
Tel: 82-02-2277-6637, E-mail: seonsookr@hanmail.net

◆ 시인의 말

　허만길 선생님께서 처음 나에게 시 재능이 느껴진다며 시 공부를 권유하셨을 때, 정말 나에게 시를 쓸 수 있는 재주가 있을까 하고 밤잠을 제대로 자지 못했다. 그냥 충실히 시를 써서 선생님께 보내 드렸는데, 선생님의 칭찬을 끊임없이 들으면서 나에게도 실제로 시 재주가 있는가 보구나 하고 실감하게 되었다. 언젠가부터 내가 천부적 시 재능을 지녔다고 되풀이하셨을 때 이런 칭찬을 들을 날이 있다니 하고 내 귀를 의심하면서도 기분이 좋았다.

　조물주께서 사람을 세상으로 보내실 때는 누구에게나 어떤 재능을 주신다고 했는데 그게 사실인가 보다. 그저 먹고 살기 위해 일하기에 바쁘고, 살기 위해 숨쉬는 시간들이었는데, 시 공부를 하고 시 공부 6개월 만에 나이 48살에 《순수문학》 2017년 12월호를 통해 시인으로 등단하면서 비로소 내가 정신적으로 의미 있게 살아있음을 느낄 수 있었다.

등단 후 몇 문학지에서는 나의 시를 싣겠다는 원고 집필 의뢰도 있었고, 어느 출판사에서는 내 시 '바다'를 《명시선》 책에 싣고 싶다고도 했다. 시 낭송회에서 여러 사람 앞에서 마이크를 잡고 내 목소리로 시를 낭송하는 기쁨도 누리고 있다. 등단 3개월째 되는 2018년 2월에는 영광스럽게도 한국현대문학100주년 기념탑과 항일민족시인 추모단과 많은 시인들의 시비가 있는 충남 보령시 《시와 숲길 공원》에 나의 시 '당신의 사랑'이 시비로 세워졌다. 시 '치악산 그리움'은 작곡가 이종록 교수가 가곡으로 작곡하여 가을에는 음반에 수록될 예정이다. 그리고 등단 5개월 남짓에 나의 첫 시집 《첫사랑 당신》(2018년 5월)을 출판하게 되니, 꿈만 같다.

시집에 실을 시들을 쓰면서, 잊고 살았던 나의 지난날을 발견하기도 하고, 내면 깊숙이 숨겨진 아픔들을 끄집어내어 행복으로 마무리하는 작업도 해 보았다. 시집을 만드는 동안 내가 누군가를 위로하기에 앞서 내가 먼저 스스로 위로받을 수 있었다.

그래서 엄마 될 준비도 안 된 21살, 22살의 엄마로서 두 아들에게 줄 것이라고는 사랑밖에 없었던 일, 아이들이 과자 사 달라고 하면 과자 사 줄 돈이 없어 불같이 화를 내며 금방 밥 먹고 무슨 과자냐고 호통하던 일, 아이들의 유치원비 독촉을 받고 다음날 아이들을 유치원에 보내지 않았는데도 하루 종일 집에서 놀면서 엄마를 기다려 주던 일, 길거리 옷장사를 하며 온몸이 꽁꽁 얼어붙었던 일, 붕어빵을 팔면서 공인중개사자격시험을 준비하던 일, 방송통신고등학교 일요일 학교 수업에 출석하는 3년 동안 따라다니던 아이들, 나를 낳아 주신 치매 앓는 어머니를 요양병원으로 보내드리고 가슴으로 한없이 울며 지내는 시간들, 그러면서도 가슴 가득 꿈으로 그려 보는 운명적 만남의 사랑을 향한 찬미 등을 이 시집에 담아 보았다.

시집 《첫사랑 당신》은 〈제1부 첫사랑 당신〉, 〈제2부 붕어빵 새댁〉, 〈제3부 두 아들아 미안해〉, 〈제4부 어머니를 요양병원 보내고〉, 〈제5부 고향 집〉, 〈제6부 바다〉, 〈제7부 새로운 인생 '시인'〉으로 구성했다. 그리고 산문 형식의 편지 〈사랑하는 두 아들에게〉를 실어 아이들이 태어나서 자라는 동안 잘해 주지 못한 엄마의 가슴에 응어리 진 미안한 마음과 앞으로 살아가는 데 도움이 되었으면 하는 엄마로서의 바람을 실었다.

이 시집이 시를 읽으시는 분들께 조금이나마 마음의 위안이 되고, 지난날의 나같이 어렵게 살아가는 사람들이 용기와 힘을 얻는 데 보탬이 되면 좋겠다.
  나의 시집에 격려와 정성으로 평론을 써 주신 허만길 선생님께 고마움의 마음을 드리며, 시집을 읽으시는 분들께서 책 속에 실은 평론을 통해 시집을 이해하는 데 도움으로 삼으시면 좋겠다.

시 공부 권유받은 지 1년 되는 날,
2018년 5월 11일
안 예 진

차례

◆ 화보 · 7
◆ 시인의 말 · 14

제1부 첫사랑 당신

첫사랑 당신 · 25
당신의 사랑 · 26
터미널 사랑 · 28
꿈결 · 29
당신 존재 · 30
당신의 빛 · 31
당신의 아픔 · 32
원망과 기다림 · 33
사랑과 외로움 · 34
마음속 · 35
이슬 · 36
목련꽃 함께 온 당신 · 37

제2부 붕어빵 새댁

붕어빵 새댁 행복 · 41
붕어빵 새댁 · 43

붕어빵 새댁 선심 · 44
서른세 살의 고등학생 · 46
길거리 옷장수의 꿈 · 48

제3부 두 아들아 미안해

엄마의 첫 마음 · 53
소중한 보물 · 54
두 아들아 미안해 · 55
엄마, 학원 가고 싶어요 · 57

제4부 어머니를 요양병원 보내고

어머니를 요양병원 보내고 · 61
요양병원 어머니 · 63
일곱 살짜리 어머니 · 65
내 사랑 시작, 어머니 · 67
생일날 · 68

제5부 고향 집

고향 집 · 73

할머니 • 74
그리움 • 75
아버지가 심은 사과 • 76

제6부 바다

바다 • 79
장날 • 80
빗소리 • 81
흰 머리카락 • 82
낙엽 • 83
바람 소리 • 84
남자라는 사람들 • 85
먼 길 • 86
불길 속 조카를 보내고 • 87
날개 접은 천사 • 90
반갑다 • 91
이삿날 • 93
치악산 그리움/ 악보 • 94

제7부 새로운 인생 '시인'

시 공부를 권유받고서 • 103

시 낭송 모임 • 105
나의 시비 • 106
선생님의 시 재능 칭찬 • 108

편지 사랑하는 두 아들에게 / 안예진 • 113

평론 안예진 시인의 시 재능과 시의 특성
/ 문학박사 · 시인 허만길 • 118

제1부
첫사랑 당신

- 첫사랑 당신
- 당신의 사랑
- 터미널 사랑
- 꿈결
- 당신 존재
- 당신의 빛
- 당신의 아픔
- 원망과 기다림
- 사랑과 외로움
- 마음속
- 이슬
- 목련꽃 함께 온 당신

첫사랑 당신

호흡 크게 가다듬고
당신 있는 곳으로 들어섭니다.
미친 듯 요동치는 가슴
마음은 이미 당신을 품었습니다.

마법일까.
쿵, 쿵, 쿵 심장이 요동칩니다.
지진일까.
찻잔에 차가 물결을 그립니다.

당신의 체온이 궁금합니다.
꼼지락, 꼼지락 테이블 아래 손끝으로
당신의 체온이 전해 옵니다.

사랑 맺힌 미소가 내 온몸에 스며듭니다.
나는 수줍음의 미소로
당신을 달콤하게 감쌉니다.

내 온몸은 불덩어리
당신의 체온으로
나는 천년을 살아 낼 듯합니다.

당신의 사랑

시퍼런 칼끝 얼음산 넘어
불 모래밭 지나

물길 돌아 돌아
보름달 기도하던
몇 억 년 전일까.

당신 만나기 전 무수한 날
세어 봅니다.
하나, 두울, 세엣, 일천억

당신도 알까
이 떨림

당신 닮은 햇살
그리운 목소리
온몸 감전된다.

＊충남 보령시 《시와 숲길 공원》에 시비로 건립됨. (2018년 2월 21일)
＊시비 앞면에는 시 '당신의 사랑'과 안예진 시인 약력이 새겨지고, 시비 뒷면에는 허만길 문학박사 지은 글 '안예진 시인 문학 재능 기림'이 새겨짐.

[안예진 시인 문학 재능 기림]

안예진(여) 시인은 아버지 안시태(1932년~2007년) 님과 어머니 임말순(1934년~) 님 사이에서 8남매 가운데 일곱째로 1970년(음력 1969년 12월 6일) 경상북도 상주에서 태어났으며, 강원도 원주에서 주로 살았다. 가정 형편으로 중학교 2학년 수료 후 고등학교입학자격검정고시 합격을 거쳐 36살(2005년)에 원주고등학교 부설 방송통신고등학교(방송수업과 일요일 학교수업)를 졸업하고, 《월간 순수문학》 2017년 12월호(48살) 신인작품상 시 당선 시인으로 등단하였다.

방송통신고등학교 교육에 애정을 기울이며 〈방송통신고등학교 교가〉를 작사한 문학박사 허만길 시인은 2017년 5월 전국방송통신고등학교 총동문회 모임에서 안예진 시인의 총명함과 맑은 품성과 문학 재능을 직감하고, 시 공부를 지도한 결과 그는 그전에 시 공부를 한 적이 없었음에도 6개월 만에 시인으로 등단할 수 있었으며, 그 뒤에도 그의 시의 재능은 신기하였으므로, 그의 천부적 문학 재능을 특별히 기린다.

안예진 시인은 시의 내용에서 아름다운 마음이 맑게 비치고, 소재를 다루는 감성이 뛰어나고, 형상화하는 기법이 다양하고, 결구법이 매우 재치 있고 함축적이다. 문학의 독특한 경지를 열어 많은 사람들에게 감동과 희망과 빛을 안겨 주기 바란다. 《주간한국문학신문》 2017년 12월 20일(서울)과 《원주투데이신문》 2017년 12월 25일(강원도 원주)에서는 안예진 시인의 시 재능과 등단 과정을 자세히 보도하였다.

2018년 2월 21일
문학박사 · 시인/전 교육부 편수관 허만길

터미널 사랑

살을 에는 바람도
정겨운 짜릿한 설렘

출발 시각 알리는 전광판은
열심히 제 임무에 충실하고

그녀는 홍조 띤 얼굴로
가방 속 거울을 연신 꺼내 본다.

초조한 서너 시간 지나
터미널에 내린 그녀

콧노래 부르며 아메리카노 커피 들고
예쁜 사랑 만들러 총총총

꿈결

꿈속의 당신 사랑
놓치고 싶지 않아요.

햇살 따라 스미는 미소
당신 맞이하고파
문을 엽니다.

애꿎은 바람만 들어섭니다.
옷깃 세우는 찬바람
얼음 바람도 행복합니다.
당신을 기다립니다.

당신 존재

당신 있어, 내 존재하는 것을
당신 있어, 내 숨 쉬는 것을
그것도 모르면서
내 잘난 척만 하는구나.

당신 없는 세상을
어찌 살아 낼는지
어찌 감당할는지
아무것도 모르면서
내 잘난 척만 하는구나.

내 존재감이 내 숨 쉼이
당신 있어 가능한 것을

당신의 빛

하늘도 자고 있는 시간
어디선가 빛이 듭니다.

당신이 가까워지고 있음입니다.
약 먹어도 듣지 않던 가슴 아픔
아픔이 줄어듭니다.
당신의 빛으로 다 나았습니다.

채워도 채워지지 않던 가슴
당신의 빛으로 그득합니다.

당신은 어두운 밤 넓은 하늘
둥근달 되어 나를 지킵니다.

당신의 아픔

당신의 잠 못 이루는 기침감기
끙끙 앓는 소리 가련하기도 합니다.
밤도 숨을 멈춘 뒤에야
당신의 코골이에
나는 안도의 숨을 쉽니다.

새벽 오기 전
다시금 기침과 씨름하는 당신
내 가슴 저립니다.

밤새도록 당신의 숨소리 지키는 나에게
코고는 소리 잠든 숨소리는
당신이 주는 행복의 소리입니다.

마알가니 밝아 오는 아침
당신의 하루 행복 빌고 빕니다.

원망과 기다림

그대에게 푹 빠지게 품어 주더니, 이제는 떠나라 합니다. 뼛속까지 기억하게 만들고서 이제는 지우라 합니다. 콧속까지 점령하고서 잊으라 합니다. 잊으라면 지우라면 떠나라면 그리하여야겠지요. 그런데 나는 주위를 맴돕니다. 철퍼덕 앉아서 울어도 봅니다. 나는 오늘도 그대와 걷던 길을 걷습니다. 행여나 그대와 만날까 가슴 뛰며 나는 행복합니다. 차가운 바람도 그대의 손길인 양 나는 다 내어 줍니다. 바람이 찌르고 지나간 자국이 눈물과 콧물로 변하여도 나는 행복합니다. 그대는 떠났지만, 오늘도 나는 그대와 함께 그 길 위에 있습니다. 그대가 돌아올 것을 믿기 때문입니다.

사랑과 외로움

한 군데가 모자라는 나는
사랑하면 치유되는 줄 알았습니다.

마침내 하늘같이 귀한 사랑 얻어
다 가진 듯 함박웃음
가슴은 사랑으로 벅찼습니다.

헤어져 집으로 오는 길
아쉬움에 발길 멈추고 뒤돌아봅니다.
혼자 남겨진 시간 외로움이 두렵습니다.

이제야 알겠습니다.
사랑은 혼자 하는 것이란 걸
사랑은 외로움과 단짝이라는 걸

마음속

쪽빛 하늘이 내려와
온통 내 마음을 채웠습니다.

내 마음 있을 자리 없이
내 마음을 차지했습니다.

쪽빛 하늘로 가득한 나는
버거움에 숨을 몰아쉽니다.

괜스레 마음 가득
쪽빛 하늘 들여놓고 힘겨워합니다.

그래도 그 쪽빛 하늘 당신이기에
나는 더할 나위 없이 행복합니다.

이슬

사랑은 이슬로 빚어진 그리움
어두운 긴 밤 혼자 견디며
마음 조각으로 세운 알뜰한 궁전

사랑의 마음은 그리움의 궁전에서
아픔도 상처도 달게 씹어야 한다.

목련꽃 함께 온 당신

오셨군요. 당신 오셨군요.
못 오실, 안 오실 당신 아니잖소.

목련꽃 지기 전 오신다던 당신
하얗게 내 마음 설레게 하였소.

당신 계신 곳
목련꽃 없어 못 오시나 걱정되어
당신 꿈에라도 한 바구니
목련꽃 보내고 싶어
밤마다 하얀 목련꽃 접고 있었소.

내 눈 속에 당신 모습 비친다며
옆집 동무 잠 설치며 나를 도왔다오.

오늘은 당신 오실 것 같아
당신이 이쁘다고 칭찬한
핑크색 카디건 입고
동네 앞 큰 목련 나무 아래
온종일 기다렸다오.

이만 돌아가야 하나
무거운 발걸음 아쉬워 돌아본 그곳
오셨군요. 당신 오셨군요.
목련꽃 한 아름 안고
정말 당신 저만치 오셨군요.

제2부
붕어빵 새댁

· 붕어빵 새댁 행복
· 붕어빵 새댁
· 붕어빵 새댁 선심
· 서른세 살의 고등학생
· 길거리 옷장수의 꿈

붕어빵 새댁 행복

나는 붕어빵 장수 새댁
붕어빵도 팔고 어묵도 팔지요.

눈꺼풀이 무겁다.
손도 팔도 무겁다.

몇 시에 잠든 걸까.
피로가 온몸에 더덕더덕
몸이 천근만근
실눈으로 일어나 움직인다.

주문부터 하여야 한다.
반죽 2개, 팥 2킬로그램
어묵 3봉지를 주문한다.

대충 김치에 밥 한 숟갈
덜컹덜컹
짐 끄는 작은 수레가 요란스럽다.
골목 세찬 바람이 나를 반긴다.
겹겹이 껴입은 솜옷에 땀이 밴다.

붕어빵 얼마예요?
네 마리 천원입니다.
이천 원어치 주세요.

두 갈래 곱게 머리 묶은 새댁
눌러쓴 모자 아래 맑은 눈빛

두 아들과 가족 위해
배고파도 힘들어도
철커덕 철커덕
신나게 붕어빵을 굽는다.
붕어빵 장수 새댁 행복

붕어빵 새댁

냄비 들고 어묵 사러 온 아이
국물 많이 주세요.
엄마가 국물에 국수 말아 드신대요.

나도 끼니를 잊어 허기져
노릇하고 딱딱한
붕어빵 한입이 꿀맛
세상에서 가장 맛있는 붕어빵

앞치마가 제법 볼록해졌다.
저녁에 아이들이
앞치마의 돈을 정리하며
즐거워 할 모습에
허기져도 고달파도 행복하다.

해질녘
붕어빵 수레를 일찍 정리한다.
저녁에 공인중개사자격시험
학원 공부하러 간다.

붕어빵 새댁 선심

조그맣고 앙증맞은 노오란 포장마차
두 갈래 머리 곱게 묶은
새댁 그녀가 웃는다.

노릇노릇 타지 않고 꺼내 놓은 붕어빵
마냥 예쁘고 귀엽기만 하다.
한 마리, 두 마리, 세 마리, 열 마리
팥 뜨겁게 호호 먹어 주길 기다린다.

오가는 사람에 시선 한번 보내고
두꺼운 책 꺼내 읽는다.
반가운 동네 꼬마 손님
아줌마 붕어빵 천 원어치 주세요.

아줌마!
뭐 보시는 거예요?

내가 공인중개사자격시험 공부를 한단다.
우리 엄마는 힘들다고 그만뒀는데.

새댁은 남은 붕어빵 챙겨

다른 모습으로 학원으로 향한다.

붕어빵 가득 안고 온
새댁 반기는 학원생들
그들은 새댁이
붕어빵 장사하는지 까맣게 모를 것이다.
아니 모른다.

서른세 살의 고등학생

두 아이들의 학교 학적부에
엄마의 학력 중학교 중퇴라 적지 않으려
고등학교입학자격검정고시 합격하여
늦은 나이 서른세 살
방송통신고등학교에 입학했다.

라디오 방송으로 공부하고
일요일에는 어린 작은아이와
나란히 학교에 갔다.

작은아이는 엄마가 공부하는 교실
연신 쳐다보며 운동장에서 놀았다.

셋째시간 작은아이가 보이지 않았다.
놀라 뛰어나가다
교무실에 있는 작은아이를 보았다.

안도의 한숨
국어 시간 가르침
머리에 쏙쏙 들었다.

즐거운 점심시간
늦깎이 학생들이라 반찬이 요란했다.

나는 조용히 교실을 빠져나갔다.
선생님께서 작은아이 손을 잡고
도시락도 들고 오셨다.
같이 먹자고 하셨다.
눈물 밥을 먹었다.

마지막 수업 시간
작은아이는 교실에 함께 있었다.
즐겁게 콧노래 부르며 집으로 돌아왔다.

길거리 옷장수의 꿈

나는 길거리 옷장수
옷이 바래지 않도록
그늘진 아파트 담벼락 옆에
철재 행어를 늘어세운다.
파란 봉고차에서 옷을 끌어내어
행어에 건다.

팔아야 할 옷들은 갖가지이지만
정작 길거리 옷장수의 옷은
두꺼운 솜바지에
보기에도 버거운 큰 잠바
날마다 똑같은 옷이다.

한겨울 날씨에
지나가는 손님만 바라보는
연약한 여자의 손이 꽁꽁 얼었다.
봉고차에 몸을 밀어 넣어 보지만
차갑기는 마찬가지.

길 건너 새마을금고로 달려가
잠시 몸을 녹일까 싶어도

숫기가 없어 못 간다.

차라리 살 에는 추위 이기고자
학습장을 꺼낸다.

라디오 방송 청취와
일요일 학교 수업으로 공부하는
방송통신고등학교 학생이기에
방송 청취록을 정리한다.
한국교육개발원 학예경연대회에
출품 계획이다.

지나가는 사람들이 한 미디씩 한다.
"참 열심히 사네요."
"감사합니다."

그해 겨울 마지막
나는 방송 청취록 금상을 받았다.
하나의 꿈을 이루었으니
또 하나의 꿈을 설정하고자 했다.

제3부

두 아들아 미안해

· 엄마의 첫 마음
· 소중한 보물
· 두 아들아 미안해
· 엄마, 학원 가고 싶어요

엄마의 첫 마음

응애, 응애
목청이 우렁차다.

사내아이일까.
여자아이일까.

축하드립니다.
사내아이입니다.

손가락 다섯 개
아니, 아니 열 개야.
발가락 다섯 개
아니지. 발가락도 열 개야
그럼 눈, 코, 입은?

모두 완벽해.
아! 감사합니다.

소중한 보물

어릴 적 두 손 놓치지 않으려고
무던히도 따르던 아이
그때는 몰랐지요.
그저 엄마 좋아 따르는지 알았지요.

이제 와 돌아보니 엄마 놓칠까 싶어
그렇게도 따라다녔네요.

철없는 엄마를 얼마나 원망하였을까요.
어린 가슴이 얼마나 뜀박질을 하였을까요.
이 미안한 마음 무엇으로 갚아야 할지
엄마는 눈물이 가득합니다.

엄마가 세상에 태어나 가장 잘한 것이
두 보물을 세상으로 데려온 일이랍니다.
엄마에게 와서 엄마의 버팀목으로 있어 준
두 보물

더 이상 도망치지 않을 것입니다.
착하고 예쁜 엄마로 영원히 있을 것입니다.

두 아들아 미안해

가난에 날카로운 빚 독촉
슬픔과 우울과 괴로움

나는 사람 기피증을 앓았다.
사람 없는 길만 다녔다.

그래도 두 아들의 반짝이는 눈동자
그래서 힘이 솟았다.

"텔레비전에서 뽀뽀뽀 시작하면
집에서 나가.
유치원 봉고차가 기다릴 거야."
나는 어둑한 지하방에
불안한 눈동자들을 두고 출근했다.

"아들!
유치원 재밌었어?"
"유치원비 밀렸다고 미움 받았어."
"으응, 저녁은 먹었어?"
"김밥이 다 말랐어."

"그랬어?
기분이다.
오늘은 라면 쏜다."
"와아! 신난다."

엄마, 학원 가고 싶어요

나른한 오후
길거리 옷가게
옷걸이 앞에서 졸고 있다.

무엇이 저리도 신났을까.
아들이 한달음에 폴짝폴짝 뛰어옵니다.

나는 두 팔 벌려 마중합니다.
코끝에 아들 냄새가 행복합니다.

태권도 도복과 입회 원서를 내밉니다.
순간 머리가 복잡합니다.

한참 뒤
"아들, 나중에 꼭 보내줄게."
"응,"
아들은 해맑게 웃으며
돌아가다가 다시 옵니다.

고사리 손으로 내 가슴 두드리며
"엄마, 마음 안 아프지?

나중에 꼭 보내 줘."
소리 없는 눈물이 한강을 이루어
슬픔을 강물 깊숙이 묻습니다.

제4부

어머니를 요양병원 보내고

· 어머니를 요양병원 보내고
· 요양병원 어머니
· 일곱 살짜리 어머니
· 내 사랑 시작, 어머니
· 생일날

어머니를 요양병원 보내고

어머니, 나의 어머니
이제 나더러
어머니의 엄마 하라는가 봐.
이것도 해 줘, 저것도 해 줘.

엄마의 뱃속에서
엄마와 내가 하나였던 시간
엄마의 영양분으로 내가 자랐을 시간

그래, 그 보답 위해
내가 엄마 해야겠다.
토닥토닥
아가, 아가

벌컥 잠이 깼다.
방이 텅 비었다.
아!
어머니 요양병원 가셨지.
이런 밤을 얼마나 더 보내야 할까.

병원으로 달려갔다.

엄마 잘 잤어?
밥도 많이 먹었어?
오늘은 더 이쁘네.
꼬옥 안고 가슴으로 운다.

요양병원 어머니

이슬 내리던 새벽
비단보따리 이고 도랑 건너시던 어머니

한여름 뙤약볕
호미자루 놀리시던 어머니

꽁꽁 언 얼음 깨고
기도하시던 어머니

목청 쩌렁쩌렁하여
동네에서 인정받으시던 어머니

세월 못 이기시어
요양병원 침대에 누우시어
배고프다고 투정이시다.
아프다고 엄살이시다.

자꾸만 어려지고
여려지고 계십니다.

곧았던 어머니는 이제 없습니다.

나에게 응석받이 어린 딸이 생겼습니다.

가슴이 아려 눈물이 가려
온몸이 사시나무 떨리듯 저려듭니다.

세월은 이렇게 나의 어머니에게
쉬라고 선물을 내렸나 봅니다.

일곱 살짜리 어머니

내 관심 조금만 느슨해도
요양병원 침대에서
어서 안 오나 전화하시는
일곱 살짜리 나의 어머니

어머니 투정이 힘겨워도
나는 즐거운 듯
몸도 마음도 토닥여 드립니다.

못 올 길 가신 뒤
후회하지 않으려고
토닥여 드립니다.

딸 많이 나으셔서
나의 태어남이 창피하여
동네 어귀에 내다놓으라
하셨다던 어머니

미안하고 죄스러움에
한평생 마음 아프시고
죄인처럼 사셨지요.

그 마음 알기에
오늘도 좋아하시는 과일 사서
눈시울 적시며 병원 문턱 넘습니다.

내 사랑 시작, 어머니

나이 오십에야 알았습니다.
어머니가 내 사랑의 시작이었음을

어머니 기다리다 지쳐 밥을 했던 날
어머니의 칭찬은 꿀맛이었지요.

매일 꿀맛 보고파 밥을 했지요.
무심히 했던 설거지에
어머니의 포옹은 하늘 품 같았지요.

그 뒤로 부엌일을 찾고 있었던 나
더 사랑 받기 위해
어머니를 기다렸던 이린 시절

내 사랑의 시작은
어머니의 사랑으로
나온 게 분명합니다.

생일날

엄마의 뱃속이 그립다.
몸을 구부려
엄마의 뱃속에서 살던 날들을 그려 본다.

내 심장이 생겨나고 손발이 자란
신비의 시간들
엄마는 많은 노력을 하였겠지요.

예쁜 것만 보아야 한다.
예쁜 것만 먹어야 한다.
예쁜 말만 하여야 한다.
이것을 지키지 못했을 때
엄마는 배를 만지며
"미안하다, 아가야."

입덧으로 엄마에게 밥도 못 먹게 하고
힘들게 한 나
태어나서는 사내가 아니라고
많은 시간을 속상함과 창피함과
죄책감으로 살았던 엄마

마흔아홉 번 생일날
나는 뻔뻔하게도
꽃다발 속에서 웃으며 즐거워한다.

제5부

고향 집

· 고향 집
· 할머니
· 그리움
· 아버지가 심은 사과

고향 집

어려운 길
굽이굽이 힘든 길
마음 쉴 곳 쉽지 않아
고향 집을 찾았습니다.

몽글몽글 추억이 피어나는
굴뚝이
빼곡한 미소로 먼저 반깁니다.

선뜻 툇마루에 앉습니다.
할머니, 엄마, 아빠, 언니, 오빠, 동생
떠들썩하고 정답던 가족들의 웃음
지금도 가득 남아 울려 피져
눈물 나도록 그립고 편안합니다.

그리움 속
내 어린 두 아이의 춤사위는
내 어린 날의 선물입니다.

할머니

버선발로 뛰어나오신 할머니
두 손 꼭 잡으시며
"아가, 왔냐?"

할머니 손은 굵고 따뜻했다.
내 두 손 아랫목에 넣어주시며
"배고프지?"

금세 내 좋아하는 것만
한 상 가득
무얼 먼저 먹어야 하나.

할머니는
내 얼굴 빤히 보시며
행복 가득하셨다.

그리움

할머니는 지금도 양지바른
쪽마루에 계신다.

유난히 반짝거리는
꽃무늬 고무신과 함께

큰 맘 먹고 사다 주신
꽃무늬 고무신

신기도 아까워라.
내 삶의 양지에서
언제나 내바라기 한다.

아버지가 심은 사과

크게 베어 물면
아버지의 사랑이 입안에서 흐릅니다.
입 안 가득 아버지의 피땀이
나를 행복하게 합니다.
곧이어 앙상하게 남은
사과 뼈에게 죄송한 마음
사과 뼈를 흙 속에 밀어 넣습니다.
아버지의 사랑은 말이 없습니다.

제6부

바다

- 바다
- 장날
- 빗소리
- 흰 머리카락
- 낙엽
- 바람 소리
- 남자라는 사람들
- 먼 길
- 불길 속 조카를 보내고
- 날개 접은 천사
- 반갑다
- 이삿날
- 치악산 그리움

바다

언제나 반겨 주고
웃어 주던 바다

오늘은
미친 듯이 요동치고 있다.

누군가 큰 아픔 쏟아두고
떠난 모양이다.

나도 아픔 묻으러
멀리서 허둥지둥 왔는데
울부짖는 바다 앞에
그저 가슴만 쓸어내린다.

아, 너도 나처럼
이렇게 아픈 것인가.

장날

손가락 꼽으며 기다리던 장날
읍내엔 활기가 돈다.

꼬깃꼬깃 고쟁이 속
쌈짓돈이 숨을 쉰다.
어머니는 아들 입을 바지를
만지작만지작

싸게 줄랑께
눈치 빠른 장사꾼
너스레를 부린다.

바지는 비닐봉투에 들어가고
이번엔 아들 좋아하는
고등어를 사러 간다.

파장 시간
어머니는 아들 것만 한가득 들고
버스를 기다린다.

아들 자랑으로 행복 가득한
시골 장날 시골 어머니.

빗소리

후두둑 후두둑
아침 눈도 뜨기 전에 들리는
소리, 빗소리

그 얼굴 궁금해
빼죽이 창문에
얼굴을 내밀었다.

어루만지듯이
시원한 감촉

오늘은 하루 종일
내 피부가 분홍빛 그리움으로
활활 달아오를 것 같다.

흰 머리카락

반짝
응? 뭐지?

헉!
내게 또 손님이.

정중히 거절했는데도
삶의 표창장이라도 되는 양
다시 찾아온 손님
의기양양 반짝거린다.

잘 살아 주어 고맙다는 양
은빛으로 반짝인다.

그래!
삶의 선물
삶의 보상

나는 고개 높이 들고
너를 자랑으로 여기며
꿋꿋이 살아가련다.

낙엽

아침 하늘은
화려한 구름 배경 드리우고

아가 손 단풍 모여
밤새도록 노오랗게 물들인
은행 빛이 고와라.

바스락 바스락
낙엽은 온 몸을 부수어
나의 귀를 즐겁게 하네.

바람 소리

사그락 사그락 소리 앞세워
바람이 귓전으로 달려온다.

순한 듯 차갑게 풀뿌리를 깨우고
나의 마음 일렁이게 하는 걸 보니
이 바람은 분명 봄을 알리는
아기바람일 것이다.

기지개 소리 따스한 바람 곧 오겠지.
봄꽃이 그립다.

남자라는 사람들

주머니 속 지갑을 열었다가 닫는 일
큰 소리로 전화하는 일
그것이 전부인 듯한 남자들

한 편의 코미디를 봅니다.
속빈 강정입니다.

남자들의 껍데기 사랑
지쳐 있는 아낙네들 많아요.
남자들의 어두운 욕망
읽고 있는 아낙네들 많아요.

여자의 미음은
작은 꽃 한 송이 부드러운 위로로도
채워진다는 걸
언제까지나 모를 것 같은
남자라는 사람들

먼 길

고단한 삶 엮다가
못 올 길 가신 여인이여

급히 떠난 흔적들
집안 곳곳 얼룩져 있군요.

생전에 속마음 다 들어주지 못한
죄스러움
눈물 쏟아보지만
눈시울만 빠알가니 소용없음 깨닫습니다.

영영 가시면서도
사진 속 환한 웃음
슬픈 나를 위로하군요.

불길 속 조카를 보내고

40여 명 사망자 낸
2018년 1월 26일 이른 아침
밀양 세종병원 화재
교통사고로 입원해 있던 내 여자 조카가
불길 속에 사라졌다.

36살의 할 일 많은 그녀는
심신 장애로 시설에서 보호받는
초등학교 졸업 나이의
가련한 아들도 있다.

사랑한다는 마지막 한 마디
남기지 못한 채
창자 끊어지는 한스러움과 슬픔 안고
이세상 떠났으리.

시꺼먼 연기 자욱 퍼지던 시간
그녀는 얼마나 애태우며
살려 달라고 울부짖었을까.

숨 막히는 연기 속에

얼마나 가슴 쥐어뜯으며
아들 얼굴 떠올렸을까.

어린 시절 재잘거리며
나를 따르던 그 얼굴 그 소리
그래도 분명 밝은 빛 따라 갔으리라
내 마음 다독여 본다.

애통한 죽음은 나라를 흔들고
온 국민의 가슴도 울린다.
그런들 소용없음이다.

몇 천억을 준대도 그녀가 일어날까요.
그런들 소용없음을요.

죽은 그녀는 무심한 하늘 원망
아파할 텐데
산 사람들은 뉘우침에 사무친다.
억울한 죽음
구천을 떠돌까 걱정이구나.

모든 것 다 내려놓고
꽃길에 발 들여 놓으렴.
절대 뒤돌아보지 말아라.
여기 남은 우리가 다 해결할 테니.

부디 부디
꽃길 걸으렴.

날개 접은 천사

소년원 재원생 장난 소리
푸른 건물 명랑하게 울리니
상담하러 가는 어른들이 머쓱하다.

일반 학생들 수련원에 교육 들어온 듯
천진난만한 모습들
이 순간 해맑기만 하다.

왜 이러고 있는지는 알까.
반성하며 앞으로의 계획은 있을까.

아마도 푸른 하늘 높게 날기 위해
잠시 날개 접고 쉬는
푸른 천사이겠지.

반갑다
-원주고등학교 부설 방송통신고등학교
 교지 《등잔》 제31호 발간(2018년) 축시

시린 바람 이른 아침
까, 까, 까, 까, 까, 까 …
반가운 까치 소리

휘익, 담장 따라 날아든 알림종이
방송통신고등학교 입학 안내
"배움의 길 열어 드립니다."

의심 반, 두려움 반, 그리고 설렘
2002년 3월
용기 내어 들어선 교문

몸에 온기가 스며든다.
꿈에 그리던 애틋한 교정

두려움과 걱정 멀리 떠나고
늦깎이 고등학생
나의 옆엔 나의 얼굴들이 가득하다.

마음으로 인사를 나눈다.
"보고 싶었다, 친구야."

처음 교문 들어서면서부터
이미 우린 하나였다.
얼굴 가득 행복이 번진다.

*안예진 시인은 원주고등학교 부설 방송통신고등학교 제27회 졸업(2005년 2월)

이삿날

버릴 것만 가득하다.
아니네!
있으면 다 쓸 데가 있겠어.

다 버릴 것인데
손은 주섬주섬 주워 넣고 있다.
양은대야도 대소쿠리도
전에 이사 올 때 싸 온
아직 풀지 않은 애기 욕조
이젠 뭣에 쓰려나.

버리지 못하는 애착은
언세 끝이 나려는지
다음 이사에는
가방 하나 끌고 이사하면 좋겠다.

콧노래 부르면서
달랑달랑 여행가방 하나 끌고
이사 가는 날 있겠지.

치악산 그리움

맑고 고운 물소리는 그리움 안고 흐르고
아름다운 새소리는 제 짝 찾아 흥겹네.
사다리병창 오름길 다정하게 손잡으며
영원하자 변치 말자 주고받던 그 언약
치악산 비로봉 돌고 돌던 돌탑은
사랑 추억 가득 담아 반기며 웃는데
보고파요 보고파요
내 임은 언제 오시려나.
그리워라 그리워라
내 임은 언제 오시려나.

밝고 고운 저 달빛은 임 얼굴 그려 주고
구슬픈 부엉새는 이내 마음 동무 하네.
안개 속 고운 단풍 길 붉은 마음 안아 주며
잊지 말자 행복하자 소중했던 그 믿음
치악산 상원사 전설 맺힌 종각은
우리 사랑 기억하며 이 밤도 애타는데
보고파요 보고파요
내 임은 언제 오시려나.
그리워라 그리워라

내 임은 언제 오시려나.

*2018년 5월 작곡가 이종록 교수 가곡으로 작곡. 악보는 안예진 시집 《첫사랑 당신》과 《이종록 작곡집》에 수록되고, 노래는 《작곡가 이종록 가곡집》(2018년 가을)에 수록 예정.
*이종록: 서울대학교 작곡과·중앙대학교 대학원 작곡과 졸업. 강원대·중앙대·전북대 음악학과 교수·한국작곡가회 부회장·가곡동인 대표 역임. (현재) 한국작곡가회 상임고문

치악산 그리움

안예진 작사
이종록 작곡

제7부

새로운 인생 '시인'

· 시 공부를 권유받고서
· 시 낭송 모임
· 나의 시비
· 선생님의 시 재능 칭찬

시 공부를 권유받고서

2017년 5월 11일
문학박사 허만길 시인님께서
나에게 시 재능이 느껴진다시며
시 공부를 권유하셨습니다.

시 한번 배워 봐요!
잠자던 문학소녀가 꿈틀입니다.
에이!
못해요!
자꾸 서성입니다.

밤에도 얕은 잠을 잡니다.
새벽에도 내 마음을 두드립니다.

하지만 글은 내게
내려오지 못하고 맴돕니다.
그저, 그저 원망스러울 뿐입니다.

실눈으로 밤을 보낸 나
사람은 언젠가는 하고 싶었던 것을
꼭 하게 되는 것 같다며

끝내는 다음날
박사님의 제자가 되겠다고
글을 드렸습니다.

시 낭송 모임

향 좋은 카페
하나둘씩 곱게 차려입은
사람들이 모여든다.

옹기종기 도란도란
재잘재잘 까르르르

추억 깊숙이 고이 보관해 둔 꿈
50대에 가까워서야 문학을 깨우고
소녀 시절의 낭만을 흔들어
기적같이 시인으로 태어났다.

나는 시가 좋아
노래하듯 시를 낭송한다.
음악이 내 목소리를 받쳐 주어
나의 시는 음악과 하나 되어
봄밤의 문턱을 넘는다.

나는 시와 함께
노래가 되리라.

나의 시비

머드 축제 열리는 보령
나에게는 아직 낯선 땅
한국현대문학 100주년 기념탑 있는
시와 숲길 공원
나의 시비 자리 정하러 오던 날
얼마나 낯설고 먼 곳이었던가.

2018년 2월 21일 시비가 서고
2018년 3월 7일 시비와
첫 인사 나누기 위해
어머니 등처럼
나직하고 포근한 능선을 올랐다.
햇살 좋은 한낮
나무 냄새 즐기며.

멀리서도 한눈에 들었다,
까만 오석
깊고 뚜렷이 새겨진 하얀 글씨
나의 시 '당신의 사랑'

수줍은 듯 배시시 웃으며

시비는 나를 기다리고 있었다.
내 오기만 기다렸다는 듯
환하게 빛 비추며 반겼다.

눈부시게 빛나는 것은
값지게 살면서
세상의 빛 되라는 뜻이겠지.
열심히 힘써 나아가리라.

선생님의 시 재능 칭찬

2017년 5월 7일
전국방송통신고등학교50년사 편찬 발기인대회
격려하러 오신
허만길 선생님과의 첫 인사
2017년 5월 11일 전화 한 마디
시 재능 느껴지니
시 공부 한번 해 볼래요?
이 한 말씀에 포로가 된 듯
글을 쓰고 있는 시간들
어느 새 시 쓰기를 사명감처럼 받아들이고
사방을 두리번두리번 시제가 없을까.
당연히 시를 읽고 쓰고
녹음하고 즐거워진 시간들
왜 이렇게 열중하고 있는 걸까.
알 것 같습니다.
처음 글 한 편 보내 드리니
1년 남짓 공부하면 시인이 될 수 있겠어요.
시제가 참 좋아요.
시 공부한 적 있나요?
없습니다.
가끔 글의 절대적 오류를 지적하시고는

크게 웃으시는 선생님
꾸지람을 흠뻑 하시고는
전화 문자를 주십니다.
안예진 제자는 대단해요.
시 공부한 적도 없는데
이 정도면 대단한 거예요.
기죽지 말고 더 열심히 해요.
분명히 대단한 시인이 될 거예요.
시 '바다'를 보시고는 참 좋다.
"누군가 큰 아픔 쏟아놓고"
어떻게 이런 표현 생각해 낼 수 있었어요?
벌써 이 정도라니
신인 작품 응모해도 되겠어요.
이렇게 시 공부 6개월 만에
시인이 되었답니다.
당선 축하 화분 보내주신 선생님
시가 너무 좋으니
한국현대문학100주년 기념탑 있는
시와 숲길 공원에
시비를 세우는 게 좋겠다고 하셔서
등단 3개월도 안 되어 시비도 세웠답니다.

선생님의 시비
'대한민국 상하이임시정부 자리' 가까이
양지바르고 둥그레 편편한 자리입니다.
칭찬은 고래도 춤추게 한다더니
내가 그러고 있습니다.
선생님의 칭찬에 두려움도
무서운 것도 없어졌나 봅니다.
시비 세운 뒤에는
이제 시집도 내자고 하십니다.
다시 시를 쓰고 보내 드리고
혼나고 칭찬 듣고
안예진 시인은 천재예요.
어떻게 이렇게 해 낼 수가 있어요?
타고난 천재예요.
연신 칭찬이십니다.
시 '첫사랑 당신'은 첫사랑을 받아들여
천년을 살아낼 듯한 감정 고백
시 '당신의 사랑'은 놀라운 발상의 전개
시 '터미널 사랑'은 발랄하고
상큼한 사랑의 발걸음
시 '원망과 기다림'은 눈물 빼는

애절한 사랑
안예진 시인은 사랑 시의 마술사예요.
시 '붕어빵 새댁 행복', '어머니를 요양병원 보내고',
'두 아들아 미안해', '서른세 살의 고등학생'
어느 누가 목메지 않고 읽겠어요.
안예진 시인은 꽃씨를 던져 주면 꽃을 피우고
하나를 알려 주면 열도 백도 만들어 내니
참 신기해요.
이러니 내가 극찬을 안 할 수가 없네요.
전생부터 시 공부한 것이 분명해요.
아마도 나한테서 배웠을지도 몰라요.
이렇게 선생님의 칭찬 속에서
무럭무럭 자라는 느낌입니다.
내가 훌륭하고 당당하게
시인으로 자리매김하는 것이
보답이라 생각하고 열심히 시를 씁니다.
아마도 선생님은 내가 시집을 내고 나면
또 큰 과제를 안겨 주실지도 모릅니다.
선생님은 나를 발견해 주시고
내 꿈을 만들어 가는 데
큰 날개가 되어 주십니다.

선생님은 꿀도 붕대도 아름다운 별빛 하늘도
골고루 잘 주십니다.

◆편지

사랑하는 두 아들에게

 사랑하는 두 아들아. 긴 시간 동안 엄마를 지켜 주어 고맙다. 옆도 뒤도 돌아볼 수 없이 살았던 수많은 시간을 너희가 엄마를 지켜 주었더라. 엄마는 요즘 너희에게 줄 글을 준비하면서 그것을 알았단다. 너희가 있어 엄마는 어떤 어려움도 버티며 존재할 수 있었단다. 지난날이 너무 지겨워 돌아보고 싶지도 기억 속에 남겨 두고 싶지도 않은 일들이 참으로 많았난다.

 엄마 될 준비도 안 된 21살의 엄마. 애기가 애기를 낳았단다. 그때 엄마가 애기 낳았다고 하니, 너희 큰이모의 딸이 "애기이모가 애기 낳았다고?" 하고 놀랐단다. 그때는 그 말이 무슨 뜻인지 몰랐었다. 지금 생각하니, '아무것도 모르는데 어떻게 아이를 낳았어?' 그런 뜻이었던 같아. 웃기지?

아빠 일이 잘못되어 모든 것을 정리해야 했을 때 엄마는 울지도 화내지도 않았어. 어떻게 하면 우리가 제대로 잘 살아갈 수 있을지 그 생각만 했단다. 그 적은 나이에 어떻게 그런 생각을 했는지. 지금 돌이켜보니, 참 신기하기도 해. 그것도 너희가 있어 너희를 지키고 싶은 마음 때문이었던 것 같다.

너희가 가끔 과자 사 달라고 하면 엄마는 불같이 화를 냈지. 금방 밥 먹고 무슨 과자냐고. 그런데 그건 엄마 진심이 아니었어. 과자 사 줄 돈이 없었거든. 어느 날 유치원비 내지 못해 너희가 상처받을까 봐, 다음 날부터 유치원 보내지 않았는데도 너희는 하루 종일 집에서 놀면서 엄마를 기다렸었지.

그래. 엄마는 길거리에서 옷장사할 때도, 또 붕어빵을 팔 때도 너희가 있어 그 힘든 일을 버틸 수 있었어. 온몸이 꽁꽁 얼어 있다가도 너희들을 보면 다 녹았던 시간들. 다른 아이들 같으면 엄마가 길에서 장사한다면 창피해 했을 텐데, 너희는 엄마에게 웃음을 주었지.

엄마가 방송통신고등학교 일요일 학교 수업에 출석하는 3년 동안 따라다니던 너희들. 그런 너희가 있었기에 지금의 엄마가 존재한단다. 울고 싶어도 울 수 없었던 시간들이었지. 너희를 잃어버릴까 봐, 엄마는 늘 두려움으로 가득했던 것 같다.

사랑하는 큰아들아. 한동안 무던히도 엄마 마음을 아프게 했었는데, 지금은 엄마의 보호자 역할을 해 주고 있지. 엄마는 힘들다 해서, 한 번도 도망가고 싶다는 마음이 없었고, 그런 마음으로 울어 본 적도 없었다. 그런데 큰아들 때문에 엄마는 참 많이도 울었지. 이제 알았지? 엄마의 희로애락은 모두 너희가 존재하기에 가능했다는 것을.

 살면서 엄마가 너희에게 줄 것은 사랑밖에 없었다. 그런데 정작 사랑하는 방법을 몰랐던 것 같다. 엄마가 태어나 자란 것처럼 그냥 아기를 낳아서 먹는 것만 먹이면 크는 줄 알았지. 그런데도 너희가 이렇게 멋있고 자랑스럽게 자라 주어 엄마는 얼마나 좋은지 모른다.

 이 편지에 지난날의 일을 쓰면서 혹시나 너희에게 상처가 될까 걱정도 했지만, 너희가 어린 날의 나쁜 기억은 이 편지를 읽으면서 지워 줄 수 있다면 좋겠다는 생각이 들었기 때문이다. 그리고 엄마가 이렇게 글을 쓰는 이유 가운데 또 하나는 너희들이 감사하는 마음과 존경하는 마음으로 살아가기를 바라는 엄마의 바람도 있기 때문이다.

 엄마는 내 아들들이 좀 더 편하고 행복한 길을 가기를 바란다. 엄마도 아직 아주 많이 살지는 않았지만,

살아보면서 알게 된 것들을 너희에게 이야기해 주고 싶구나. 엄마에게 누군가 멘토가 되어 준 분이 있었더라면 얼마나 좋았을까 하는 생각이 든다. 지금도 너희가 잘하고 있지만, 엄마가 너희의 멘토라 생각하고 몇 가지 도움말을 주고 싶다. 잘 기억해 주면 좋겠다.

첫째, 지나친 욕심은 금물이다. 삶에는 순리가 있단다, 지나친 욕심을 부리면 도리어 화를 입는 수가 많단다. 그렇다고 욕심을 전혀 부리지 말라는 것은 아니다.

둘째, 항상 준비된 사람으로 살기 바란다. 언제 어떻게 너희에게 좋은 기회가 주어질지 모른다. 그때 기회가 왔는데도 준비되어 있지 않다면 아무것도 못하지 않겠니?

셋째, 목표를 정해서 살아가기 바란다. 사람은 목표가 있을 때 살아있는 것이다. 아직도 너희가 삶의 목표를 정하지 않았다면 지금이라도 늦지 않다.

넷째, 나눔을 실천하며 살아가기 바란다. 나눔은 많이 가진 사람만이 할 수 있는 게 아니란다. 마음만 있으면 누구라도 마음으로 몸으로 다 할 수 있단다. 이 일은 엄마와 함께 조금씩 실천해 보면 좋겠다.

다섯째, 진정한 사랑을 할 수 있으면 좋겠다. 사랑은

상처가 되기도 한단다. 그러니 후회 없는 진정한 사랑을 하기 바란다.

여섯째, 직업을 선택하거나 변경할 때 즐겁고 행복한 일을 찾도록 노력하면 좋겠다. 너희는 아직 젊잖아. 여러 가지 일을 체험해 보고 평생 직업을 정하면 좋겠다. 즐겁게 일할 수 있는 것이야말로 최고의 성공일 수 있다.

엄마는 너희에게 몇 가지 조언을 했다. 이 조언이 너희에게 너무 부담스럽지 않으면 좋겠다. 엄마는 너희에게 친구이자 동반자라고 생각하고 언제든지 문을 열고 들어오면 좋겠다. 좋은 일도 나쁜 일도 엄마는 너희와 함께 할 것이다. 엄마는 내 두 아들을 진심으로 사랑한다. 너희가 엄마의 아들들이 되어 주어 고맙다.

**2018년 3월 27일 새벽을 밝히며
두 아들을 사랑하는 엄마 안 예 진**

◆평론/Critical Essay

안예진 시인의 시 재능과 시의 특성

문학박사·시인 허 만 길

Poet Ahn Ye-jin's Poetic Talent and
Characteristics of Her Poems

Ph.D/ Poet Hur Man-gil

1. 안예진 시인 소개

안예진 시인은 1970년 경북 상주에서 8남매(2남 6녀) 중 일곱째로 태어났다. 안 시인은 가정 형편이 어려워 중학교 2학년을 마치고 자퇴해야만 했다.

안예진 시인은 경북 상주에서 경북 구미, 대구, 충북 청주 등지에서 살다가 30살(1999년)부터 2018년 현재까지 강원도 원주에서 살고 있다.

안 시인은 고등학교입학자격검정고시 합격을 거쳐 33살(2002년)에 방송통신고등학교에 입학하여 36살(2005년 2월)에 졸업했다. 어려운 환경에서 길거리 옷장사(노점상)를 하면서 뜨거운 향학열로 고등학교 공부를 한 것이다.

안 시인은 낮에는 붕어빵 새댁으로 불리며 붕어빵 장사를 하고 저녁에는 학원 공부를 하여 2007년 공인

중개사자격 시험에 합격하여 공인중개사자격증을 취득하였다.(안예진 시 '붕어빵 새댁' 참고)

2017년 5월 문학박사 허만길 시인으로부터 시 재능을 인정받고 이메일과 전화로 시 창작 지도를 받아, 공부한 지 6개월 만에 《순수문학》 2017년 12월호 신인작품 응모 당선을 통해 시인으로 등단하였다. 2018년 2월에는 한국현대문학 100주년 기념탑과 항일민족시인 추모단과 많은 시인들의 시비가 있는 충남 보령시 시와 숲길 공원에 그의 시 '당신의 사랑' 시비가 건립되었다. 안예진 시인은 등단 5개월 만에 시집 《첫사랑 당신》(2018년 5월)을 출판하였다.

2. 안예진 시인의 천부적 시 재능

안예진 시인이 시 공부를 하게 된 계기는 《순수문학》 2017년 12월호 183쪽 안 시인의 시 '당선 소감문'에서 "2017년 5월 어느 날 어느 선생님께서 나의 모습에서 시 재능이 느껴지므로 시를 공부해 보라고 하셨다. 살아 내느라고 내 꿈이 무엇이었는지조차 잊고 지낸 시간에 햇살 한 줄기가 비치었던 것이다."라고 한 데서 알 수 있다.

안 시인은 시인 등단 후에 시 당선 소감문 속의 '어느 선생님'이 문학박사 허만길 시인임을 밝혔다.

나(문학박사·시인 허만길)는 서울 경복고등학교 국

어과 교사로서 우리나라 방송통신고등학교 개설 첫 해 1974년부터 5년간 경복고등학교 부설 방송통신고등학교 학생들을 지도하고, 경복고등학교를 떠난 이후에도 줄곧 방송통신고등학교 재학생과 졸업생들에게 관심과 애정을 기울여 왔다. 1978년에는 '방송통신고등학교 교가'를 작사하여 작곡을 의뢰하였고, 2017년에는 교가 음원을 제작하였다.

이런 가운데 나는 서울에서 개최된 2017년 5월 7일 《전국방송통신고등학교 50년사》 편찬 발기인대회를 격려하면서, 강원도 원주에서 온 안예진 시인과 인사를 나누는 과정에서 안 시인의 모습에서 총명함과 맑은 품성을 발견하고 문학적 재능을 강하게 직감하였다. 그리고 5월 11일 안 시인에게 전화로 시 재능이 느껴지므로 시 공부를 해 보라고 권유하면서, 원한다면 이메일과 전화로 시 공부를 도와줄 수 있다고 한 것이 안예진 시인이 시 공부를 시작하게 된 계기였던 것이다.

내가 안예진 시인에게 시 공부를 권유한 뒤 5월 12일자로 받은 첫 이메일에서 "선생님의 시 공부 권유를 받고 실눈으로 밤을 보낸 듯합니다. 사람은 언젠가는 본인이 하고 싶었던 것을 꼭 하게 되는 것 같습니다."라는 말은 몹시 인상적이었다.

내가 안예진 시인의 첫 연습 시를 이메일로 받아 보았을 때, 1년 남짓 지도하면 안 시인이 시인으로 등단할 수 있겠다고 예상했다. 그런데 나는 안 시인의 시

지도를 하면서 엄청난 놀라움을 발견하였다. 나에게서 시 지도를 받기 이전에 특별히 시 공부를 한 적이 없었는데도 시 창작 능력이 매우 빠르게 발전해 나아갔기 때문이다.

시 창작 착상, 주제와 내용 선정, 다양한 표현법과 구성력, 사물을 시의 감성으로 바라보는 예리함과 섬세함, 창의력, 함축성, 호소력, 감동과 여운 환기, 소재의 연상 작용 등 시 창작의 각종 요인을 신기하게 잘 발휘했다. 그래서 나는 안예진 시인을 '천부적 시 재능의 시인'으로 평가하게 되었다. 안예진 시인이 '천부적 시 재능의 시인'임은 안 시인이 등단 5개월 만에 첫 시집 '첫사랑 당신'(2018년 5월 발행)을 출판하면서 이를 준비하는 4개월 동안 약 50편의 좋은 시들을 완성해 내는 것을 보고서, 다시금 확인할 수 있었다.

안예진 시인은 시 창작 공부를 시작한 지 6개월 만에 《순수문학》 2017년 12월호 신인 작품 응모에 당선되어 시인으로 등단할 수 있었고, 《순수문학》 2017년 12월호에 안 시인의 시 '장날', '할머니', '빗소리', '바다', '그리움' 등 5편이 공개되었다.

안예진 시인의 등단 과정은 《주간한국문학신문》 제334호 2017년 12월 20일자(발행 주간한국문학신문사, 서울)에 소개되고, 《원주투데이신문》 2017년 12월 25일자(발행 원주투데이신문사, 강원도 원주)에 소개되었다.

《주간한국문학신문》에서는 "가정 형편이 어려워 중

학교 2학년 수료 후 자퇴하고, 고등학교입학자격검정고시 합격을 거쳐 36살에 방송통신고등학교를 졸업한 안예진 씨가 48살에 시인으로 등단한 것이 큰 화제와 감동을 불러일으키고 있다."면서, "안예진 씨의 등단은 단지 안예진 씨 개인의 영광에 그치지 않고, 우리 사회에 널리 퍼져 있는 외형적 학벌 위주 능력 평가를 극복한 사례라는 점에서 우리 사회 모두의 영광이기도 하다."고 했다.

《원주투데이신문》에서는 "중학교를 중퇴하고 30대 중반 방송통신고등학교를 졸업한 40대가 등단의 꿈을 이뤘다. 주인공은 안예진(48) 씨."라 하고서, "특히 안 씨가 문학 공부를 시작한 지 6개월밖에 되지 않았다는 사실이 전해지면서 화제기 되고 있다."라고 했다.

3. 안예진 시인의 시의 특성

안예진 시인의 시집《첫사랑 당신》(2018년)에는 약 50편의 시가 실려 있다. 이들 시 하나하나가 독특한 의미와 이미지와 아름다움과 감동을 창조하고 있는데, 그 두드러진 특성 몇 가지를 내세워 본다.

1) 역경 극복과 향학열과 꿈 추구의 고귀한 가치 미학

안예진 시인의 시는 단순히 표현적 미학으로만 평가할 수 없고, 역경 극복의 아픔과 뜨거운 향학열과 미래를 향한 끊임없는 꿈의 추구가 시로 승화된 고귀한 가치의 미학을 겸해 있음을 살필 수 있다.

안예진 시인은 태어날 때부터 경제적으로 어려운 가정환경과 8남매 중 일곱째로 태어났다는 점과 기다리던 아들로 태어나지 않아 그의 어머니는 "동네 어귀에 내다놓으라"(안예진 시 '일곱 살짜리 어머니' 참고)라고 했을 정도로 태어날 때부터 특별한 사정을 지니고 있었다.

안 시인은 중학교 2학년을 마치고 자퇴해야만 했고, 오랜 세월이 지난 뒤 고등학교입학자격검정고시 합격을 거쳐 33살에 방송통신고등학교에 입학하여 36살(2005년 2월)에 고등학교를 졸업했다. 방송통신고등학교는 라디오 방송 수업과 일요일 학교 수업으로 진행되는 교육 제도인데, 안 시인은 평일에는 길거리 옷장사(노점상)를 하면서 방송통신고등학교 공부를 하여야 했고, 일요일 학교 출석 수업 날에는 아이를 데리고 수업을 받기도 했다.(안예진 시 '서른세 살의 고등학생' 참고)

고등학교를 졸업한 뒤에는 붕어빵 새댁으로 불리며 붕어빵 장사를 하고 저녁이면 공인중개사자격증 시험에 응시하기 위해 학원 공부를 하였고, 마침내 37살(2007년)에 공인중개사자격증을 취득하였다.

이러한 역경을 몸소 겪은 사연을 시로 승화시켰으니, 안예진 시인의 시는 단순한 표현적 미학만으로 접근할 수 없는 고귀한 가치의 미학이 살아 숨 쉬는 시들이라 하겠다.
  이러한 고귀한 가치의 미학이 숨 쉬는 몇 시를 보인다.

    몇 시에 잠든 걸까.
    피로가 온몸에 더덕더덕
    몸이 천근만근
    실눈으로 일어나 움직인다.

    주문부터 하여야 한다.
    반죽 2개, 팥 2킬로그램
    어묵 3봉지를 주문한다.

    대충 김치에 밥 한 숟갈
    덜컹덜컹
    짐 끄는 작은 수레가 요란스럽다.
    골목 세찬 바람이 나를 반긴다.
    겹겹이 껴입은 솜옷에 땀이 밴다. (줄임)

    두 갈래 곱게 머리 묶은 새댁
    눌러쓴 모자 아래 맑은 눈빛

    두 아들과 가족 위해
    배고파도 힘들어도
    철커덕 철커덕

신나게 붕어빵을 굽는다.
붕어빵 장수 새댁 행복

　　　　　　　　　- 시 '붕어빵 새댁 행복' 부분부분

나도 끼니를 잊어 허기져
노릇하고 딱딱한
붕어빵 한입이 꿀맛
세상에서 가장 맛있는 붕어빵

앞치마가 제법 볼록해졌다.
저녁에 아이들이
앞치마의 돈을 정리하며
즐거워 할 모습에
허기져도 고달파도 행복하다.

해질녘
붕어빵 수레를 일찍 정리한다.
저녁에 공인중개사자격시험
학원 공부하러 간다.

　　　　　　　　　- 시 '붕어빵 새댁' 일부

노릇노릇 타지 않고 꺼내 놓은 붕어빵
마냥 예쁘고 귀엽기만 하다.
한 마리, 두 마리, 세 마리, 열 마리
팥 뜨겁게 호호 먹어 주길 기다린다.

오가는 사람에 시선 한번 보내고
두꺼운 책 꺼내 읽는다.

- 시 '붕어빵 새댁 선심' 일부

팔아야 할 옷들은 갖가지이지만
정작 길거리 옷장수의 옷은
두꺼운 솜바지에
보기에도 버거운 큰 잠바
날마다 똑같은 옷이다.

한겨울 날씨에
지나가는 손님만 바라보는
연약한 여자의 손이 꽁꽁 얼었다. (줄임)

차라리 살 에는 추위 이기고자
학습장을 꺼낸다. (줄임)

한국교육개발원 학예경연대회에
출품 계획이다. (줄임)

그해 겨울 마지막
나는 방송 청취록 금상을 받았다.
하나의 꿈을 이루었으니
또 하나의 꿈을 설정하고자 했다.

- 시 '길거리 옷장수의 꿈' 부분부분

2) 지극하고 애틋한 모성애

안예진 시인의 시에는 어머니로서의 지극하고 애틋한 모성애가 잘 나타나 있다. 그 가운데서도 시 '엄마의 첫 마음'은 세상의 모든 어머니들의 출산 순간의 그 지극한 모성애를 단적으로 잘 대변해 주는 명시라 생각한다.

아기 출산 순간의 어머니로서의 혹시나 하는 두려움과 감격의 흥분과 감사의 마음을 아주 잘 나타낸 시이다. 이미 어머니가 된 여성뿐만 아니라, 장차 어머니 될 여성, 이세상에 아기로서 처음 태어났던 모든 사람들이 출산 순간의 모성애를 이해하는 데 도움이 될 아주 가치 높은 명시이다.

응애, 응애
목청이 우렁차다.

사내아이일까.
여자아이일까.

축하드립니다.
사내아이입니다.

손가락 다섯 개
아니, 아니 열 개야.
발가락 다섯 개

아니지. 발가락도 열 개야
그럼 눈, 코, 입은?

모두 완벽해.
아! 감사합니다.

- 시 '엄마의 첫 마음' 전문

안예진 시인은 어려운 환경 속에 두 아이를 길렀는지라, 어머니로서 자라는 아이의 안전에 관한 염려와 어린 아이들에게 남들처럼 잘해 주지 못한 애틋한 모성애를 시 속에 잘 담고 있다.

시 '소중한 보물'에 나타난 "어릴 적 두 손 놓치지 않으려고/무던히도 따르던 아이/그때는 몰랐지요./그저 엄마 좋아 따르는지 알았지요.//이제와 돌아보니 엄마 놓칠까 싶어/그렇게도 따라다녔네요.//(줄임)어린 가슴이 얼마나 뜀박질을 하였을까요./이 미안한 마음 무엇으로 갚아야 할지/엄마는 눈물이 가득합니다."는 모성애의 눈물겨운 뉘우침이 가득하다.

시 '두 아들아 미안해'에 나타난 "그래도 두 아들의 반짝이는 눈동자/그래서 힘이 솟았다.//텔레비전에서 뽀뽀뽀 시작하면/집에서 나가./유치원 봉고차가 기다릴 거야./나는 어둑한 지하방에/불안한 눈동자들을 두고 출근했다."라고 한 대목은 어머니의 불안에 찬 모성애가 잘 나타나 있다.

시 '엄마, 학원 가고 싶어요'에서 "나른한 오후/길거리 옷가게/옷걸이 앞에서 졸고 있다.//무엇이 저리도 신났을까./아들이 한달음에 폴짝폴짝 뛰어옵니다.//나는 두 팔 벌려 마중합니다./코끝에 아들 냄새가 행복합니다."하고서, 아들이 태권도 도복과 입회 원서를 내밀 때 그 소원을 들어 주지 못해 "소리 없는 눈물이 한강을 이루어/슬픔을 강물 깊숙이 묻습니다."라고 한 대목에서는 서러움과 안타까움의 모성애가 절정을 이룬다.

3) 요양병원에 있는 어머니를 향한 애절한 효심

안예진 시인에게 있어, 어머니는 특별한 이미지로 가슴에 남아있다. 아들 선호 사상의 시대 환경에서 위로 다섯 언니와 한 오빠가 있어, 집안에서는 남자가 태어나기를 바랐는데, 딸 안예진 시인이 태어난 것이다. 안 시인의 어머니는 창피한 마음에 갓 태어난 안 시인을 "동네 어귀에 내다놓으라"(안예진 시 '일곱 살짜리 어머니' 참고)라고까지 했던 것이다.

이에 안예진 시인은 시 '생일날'에서 "입덧으로 엄마에게 밥도 못 먹게 하고/힘들게 한 나/태어나서는 사내가 아니라고/많은 시간을 속상함과 창피함과/죄책감으로 살았던 엄마//마흔아홉 번 생일날/나는 뻔뻔하게도/꽃다발 속에서 웃으며 즐거워한다."며 어머니에 대한 연민을 참지 못하고 있다.

안 시인은 자신이 딸로 태어난 것으로 말미암아 어머니가 평생토록 마음에 응어리로 남았을 창피함과 죄책감을 더할 나위 없이 진심으로 이해하면서 더욱이 남편마저 일찍 여읜 어머니에 대한 가련한 마음으로 살았다.

그런데 그 어머니가 안타깝게도 치매에 걸려, 안 시인의 형제자매는 안 시인의 어머니를 요양병원으로 보내야만 했다. 안 시인은 어머니를 요양병원에 보낸 첫날 밤 안 시인의 옆에 있어야 할 어머니가 없는 그 처절한 마음을 시 '어머니를 요양병원 보내고'로 읊었다. 읽는 사람으로 하여금 창자가 끊어질 듯한 애잔함을 느끼게 한다.

어머니, 나의 어머니
이제 나더러
어머니의 엄마 하라는가 봐.
이것도 해 줘, 저것도 해 줘.

엄마의 뱃속에서
엄마와 내가 하나였던 시간
엄마의 영양분으로 내가 자랐을 시간

그래, 그 보답 위해
내가 엄마 해야겠다.
토닥토닥

아가, 아가

벌컥 잠이 깼다.
방이 텅 비었다.
아!
어머니 요양병원 가셨지.
이런 밤을 얼마나 더 보내야 할까.

병원으로 달려갔다.
엄마 잘 잤어?
밥도 많이 먹었어?
오늘은 더 이쁘네.
꼬옥 안고 가슴으로 운다.

— 시 '어머니를 요양병원 보내고' 전문

곧았던 어머니는 이제 없습니다.
나에게 응석받이 어린 딸이 생겼습니다.

가슴이 아려 눈물이 가려
온몸이 사시나무 떨리듯 저려듭니다.

— 시 '요양병원 어머니' 일부

안예진 시인은 "이슬 내리던 새벽/비단보따리 이고 도랑 건너시던 어머니//한여름 뙤약볕/ 호미자루 놀리시던 어머니//꽁꽁 언 얼음 깨고/기도하시던 어머니"

(시 '요양병원 어머니' 일부) 그 어미니의 치매를 어쩔 수 없이 바라만 보면서, "오늘도 좋아하시는 과일 사서/눈시울 적시며 병원 문턱 넘습니다."(시 '일곱 살짜리 어머니' 일부)라고 서럽게 혼잣말을 한다.

안 시인의 시에서는 치매로 요양병원에 있는 어머니를 향한 애절한 효심이 가득하다.

4) 운명적 만남의 고귀한 사랑 찬미

인간의 삶에서 사랑이 차지하는 의미는 매우 크다. 따라서 사람들은 사랑의 시에 많은 관심을 가지고서 희로애락을 공유한다. 안예진 시인은 사랑을 제재로 한 시가 많다. 그리고 시들은 명시 수준이라는 평가를 하고 싶다.

그런데 안예진 시인의 시 속에 나타난 시의 두드러진 특성은 무엇일까. 시집 《첫사랑 당신》에 나타난 시들은 대체로 '운명적 만남의 고귀한 사랑 찬미'로 귀결시킬 수 있다.

안예진 시인의 작중 화자의 사랑은 시 '첫사랑 당신'에서 시작된다. 아름다운 시어로 배경을 이루면서 첫사랑을 운명처럼 품게 된다.

> 마법일까.
> 쿵, 쿵, 쿵 심장이 요동칩니다.
> 지진일까.

찻잔에 차가 물결을 그립니다.

당신의 체온이 궁금합니다.
꼼지락, 꼼지락 테이블 아래 손끝으로
당신의 체온이 전해 옵니다.

사랑 맺힌 미소가 내 온몸에 스며듭니다.
나는 수줍음의 미소로
당신을 달콤하게 감쌉니다.

내 온몸은 불덩어리
당신의 체온으로
나는 천년을 살아 낼 듯합니다.

― 시 '첫사랑 당신' 일부

시 '당신의 사랑'은 몇 억 년 칼끝 고난과 보름달 기도를 거쳐 첫사랑을 운명처럼 만나게 되는 감격의 떨림과 감전되듯이 사랑의 마법에 취하게 되는 것을 읊고 있다. 특히 이 시의 발상은 엄청난 기발함으로 시작된다.

시퍼런 칼끝 얼음산 넘어
불 모래밭 지나

물길 돌아 돌아
보름달 기도하던

몇 억 년 전일까.

당신 만나기 전 무수한 날
세어 봅니다.
- 시 '당신의 사랑' 일부

시 '당신의 존재'의 작중 화자는 당신이 있어 자신이 존재하며 당신이 있어 자신이 숨 쉰다고 한다. 운명적인 사랑의 당신은 고귀할 대로 고귀한 존재로서 자신을 온통 맡기고 있고 기대고 있는 존재이다.

당신 있어, 내 존재하는 것을
당신 있어, 내 숨 쉬는 것을
그것도 모르면서
내 잘난 척만 하는구나.
- 시 '당신의 존재' 일부

안 시인의 시에는 시 '첫사랑 당신', '당신의 사랑', '당신의 존재', '사랑과 외로움' 등 진지한 분위기를 풍기는 시들이 대부분이지만, '터미널 사랑'처럼 발랄하고 상큼한 분위기를 풍기는 시도 있다.

초조한 서너 시간 지나
터미널에 내린 그녀

콧노래 부르며 아메리카노 커피 들고
예쁜 사랑 만들러 총총총
― 시 '터미널 사랑' 일부

뿐만 아니라 안 시인은 산문시 '원망과 기다림'에서는 눈물 빼는 애절한 사랑을 노래하기도 한다. 그 눈물 빼는 애절한 사랑의 노래도 운명적 만남의 고귀한 사랑을 전제로 하여 그 사랑을 어떤 경우에도 절대적으로 믿고 절대적으로 하나가 되고 말 운명임을 노래하고 있다.

그대에게 푹 빠지게 품어 주더니, 이제는 떠나라 합니다. 뼛속까지 기억하게 만들고서 이제는 지우라 합니다. 콧속까지 점령하고서 잊으라 합니다. 잊으라면 지우라면 떠나라면 그리하여야겠지요. 그런데 나는 주위를 맴돕니다. 철퍼덕 앉아도 울어도 봅니다. 나는 오늘도 그대와 걷던 길을 걷습니다. 행여나 그대와 만날까 가슴 뛰며 나는 행복합니다. 차가운 바람도 그대의 손길인 양 나는 다 내어 줍니다. 바람이 찌르고 지나간 자국이 눈물과 콧물로 변하여도 나는 행복합니다. 그대는 떠났지만, 오늘도 나는 그대와 함께 그 길 위에 있습니다. 그대가 돌아올 것을 믿기 때문입니다.
― 시 '원망과 기다림' 전문

시 '이슬'에 나타나는 "사랑은 이슬로 빚어진 그리움", "사랑의 마음은 그리움의 궁전에서/아픔도 상처도 달게 씹어야 한다."라든가, 시 '마음속'에 나타나는 "쪽빛 하늘이 내려와/온통 내 마음을 채웠습니다./내 마음 있을 자리 없이/내 마음을 차지했습니다.", "그래도 그 쪽빛 하늘 당신이기에/나는 더할 나위 없이 행복합니다."를 보면, 안 시인의 시에 나타나는 사랑이 운명적이고 그 운명 속에서 어떤 외로움이나 어려움도 받아들여야 하는 얼마나 고귀한 사랑인가를 알게 한다. 시 '목련꽃 함께 온 당신'을 비롯한 여러 시들에서 작중 화자나 당신은 헤어지래야 헤어질 수 없는 운명적인 사랑임이 선명히 나타난다.

이러한 운명적 만남의 고귀한 사랑의 찬미는 시 '당신의 빛'을 통해 가장 성숙된 찬미로 나타난다.

하늘도 자고 있는 시간
어디선가 빛이 듭니다.

당신이 가까워지고 있음입니다.
약 먹어도 듣지 않던 가슴 아픔
아픔이 줄어듭니다.
당신의 빛으로 다 나았습니다.

채워도 채워지지 않던 가슴
당신의 빛으로 그득합니다.

당신은 어두운 밤 넓은 하늘

둥근달 되어 나를 지킵니다.

- 시 '당신의 빛' 전문

셰익스피어(William Shakespeare)가 '소네트(Sonnet) 18'에서 "이 시가 살아있는 한 이 시는 당신에게 영원한 삶을 줄 것이에요"(So long lives this, and this gives life to thee.)라고 했듯이, 한결같이 명시 수준인 안예진 시인의 사랑의 시 속의 '당신'은 이들 시가 존재하는 한 영원한 삶을 누릴 것이며, 사람들은 그 당신에 대해 끊임없는 관심을 보내주게 될 것이다.

5) 다채로운 시 창작 기교, 사랑 시의 마술사

시(Poetry)를 정의할 때 시는 "산문의 외면적 의미를 대신한 의미들이나 산문의 외면적 의미에 추가한 의미들을 불러일으키기 위해 언어의 심미적, 운율적 특성을 활용하는 문학의 한 형태"(a form of literature that uses aesthetic and rhythmic qualities of language to evoke meanings in addition to, or in place of, the prosaic ostensible meaning. *from Wikipedia)라는 점을 강조한다. 시는 시적 의미와 언어의 심미성 및 운율성을 갖추는 것을 그 특질로 삼는다.

시에서 시적 의미성과 언어의 심미성 및 운율성을 창조해 내는 능력이 바로 시인의 창조 능력인 것이다.

시적 의미성과 언어의 심미성 및 운율성을 훌륭하게 창조해 낼 수 있다면, 그 시인은 그만큼 훌륭한 시인으로 평가받을 수 있을 것이다.

나는 앞에서 안예시 시인의 시는 '역경 극복과 향학열과 꿈 추구의 고귀한 가치 미학', '지극하고 애틋한 모성애', '요양병원에 있는 어머니를 향한 애절한 효심', '운명적 만남의 고귀한 사랑'을 두드러진 특성으로 삼고 있다고 했는데, 이것은 안 시인 시의 의미적 경향 곧 내용적 경향을 중시하여 살핀 결과이다.

그런데 안예진 시인의 시에 대해 시의 의미적 경향보다 시 창작의 기교 능력에 중점을 두어 살펴보면, 안 시인은 매우 다채로운 시 창작 기교를 발휘하고 있음을 알 수 있다.

안예진 시인의 시 창작 기교는 상상을 초월할 정도로 기발하고 능숙하다. 시 내용에서 아름다운 마음이 맑게 비치게 하고, 소재를 다루는 감성이 뛰어나고, 언어로 형상화하는 기법이 다양하고, 결구법이 매우 재치 있고 함축적이면서 효율적임을 보이고 있다. 시의 발상이 기발하고, 그 기발한 발상을 결말에까지 전개해 나가는 과정이 매우 자연스럽고도 세련되어 있다.

안 시인의 시 '원망과 기다림'은 안 시인의 산문시의 창작 재능도 짐작하게 한다.

특히 안예진 시인의 사랑 시는 운명적 만남의 고귀한 사랑을 찬미함을 의미적 특질로 삼고 있는데, 각 개별 시의 시적 의미를 언어의 심미성과 운율성을 잘 갖추어 한 편의 시를 완성해 내는 재능이 아주 뛰어나고 있다. 이래서 나는 안예진 시인은 사랑을 제재로 한 사랑 시의 마술사라고 평가하고 싶다.

4. 안예진 시인 시비 세움의 의의

시인으로서 시비를 세운다는 것은 자신이 낳은 아름다운 시를 돌에 새겨 세상에 영구히 전하는 일이다. 시인의 인생은 짧더라도 시인의 시는 긴 시간을 건너면서 수많은 사람들과 함께 가슴과 마음을 나누는 일이다. 이것은 시인으로서도 보람 있는 일이고 세상으로서도 환영할 일이다.

나는 천부적인 시 재능을 지닌 제자 안예진 시인의 좋은 시들을 읽으면서, 그의 시를 시비로 남기는 것이 좋겠다고 생각했다. 스승으로서 제자의 좋은 시와 뛰어난 시 재능을 널리 알리는 것은 당연한 일이다. 그리고 안예진 시인처럼 어떤 어려운 여건에도 굽히지 않고 이를 이겨내면서, 재능을 발휘할 수 있는 노력을 하면 누구나 영광을 얻을 수 있다는 본보기를 보이고 싶었다.

그래서 한국현대문학100주년 기념탑과 항일민족시인 추모단과 한국문인인물자료 100년 보존 타임캡슐과 많은 시인들의 시비가 있는 충남 보령시 시와 숲길 공원에 안예진 시인의 시비가 세워지기를 마음속으로 바랐다.

　시와 숲길 공원은 처음에는 항일민족시인 추모공원이라 했었다. 세계적인 시비 공원으로 위상을 높이고 있다. 제자의 시비가 많은 시인들의 시비와 나란히 있게 된다는 것은 스승으로서 영광스러운 일이 아닐 수 없다.

　시와 숲길 공원에는 나의 시 '대한민국 상하이임시정부 자리' 시비가 이 공원의 첫 시비로 건립된 바 있다. 한국육필문예보존회 이사장이자 시와 숲길 공원 대표인 이양우 시인이 이 공원을 조성하면서 나의 시 '대한민국 상하이임시정부 자리'를 첫 시비로 건립하고 싶다고 하여 2010년 4월 23일 건립되었던 것이다.

　이 시는 한국과 중국 사이에 정식 국교가 없던 시기에 내가 교육부(문교부) 중앙교육연수원 장학사로서 교원국외연수단을 인솔하여 중국을 방문하면서, 1990년 6월 13일 대한민국 상하이임시정부 자리(마당로馬當路)를 찾았으나, 아무 표적 하나 없이 퇴색된 집에 중국 사람이 살고 있음을 보고, 연수단 앞에서 현장 즉흥시로 읊은 시이다. 귀국 후 언론의 협조와 국민들의 소망이 뒷받침되어, 대한민국 광복 후 최초로 임시정부 자리 보존운동을 펼쳐 성과를 거두게 한 시초가 되는 시이다.

　이런 연유로 나는 편한 마음으로 제자 안예진 시인의 좋은 시 '당신의 사랑'을 시비로 세울 수 있도록 추천하여 2018년 2월 21일자로 시비가 세워졌다. 높이

120cm, 너비 220cm의 오석 비석이다. 안예진 시인이 등단한 지 3개월째 되는 때였다. 안예진 시인 시비는 나의 시비와 가까이 있어 나로서는 매우 뜻 깊다.

시비의 앞면에는 안예진 시인 시 '당신의 사랑'과 약력이 새겨지고, 뒷면에는 내가 지은 글 '안예진 시인의 문학 재능 기림'이 새겨졌다.

안예진 시인 문학 재능 기림

안예진(여) 시인은 아버지 안시태(1932년~2007년) 님과 어머니 임말순(1934년~) 님 사이에서 8남매 가운데 일곱째로 1970년 1월(음력 1969년 12월 6일) 경상북도 상주에서 태어났으며, 강원도 원주에서 주로 살았다. 가정 형편으로 중학교 2학년 수료 후 고등학교입학자격검정고시 합격을 거쳐 36살(2005년)에 원주고등학교 부설 방송통신고등학교(방송수업과 일요일 학교수업)를 졸업하고, 《월간 순수문학》 2017년 12월호(48살) 신인작품상 시 당선 시인으로 등단하였다.

방송통신고등학교 교육에 애정을 기울이며 〈방송통신고등학교 교가〉를 작사한 문학박사 허만길 시인은 2017년 5월 전국방송통신고등학교 총동문회 모임에서 안예진 시인의 총명함과 맑은 품성과 문학 재능을 직감하고, 시 공부를 지도한 결과 그는 그전에 시 공부를 한 적이 없었음에도 6개월 만에 시인으로 등단할 수 있었으며, 그 뒤에도 그의 시의 재능은 신기하였으므로, 그의 천부적 문학 재능을 특별히 기린다.

안예진 시인은 시의 내용에서 아름다운 마음이 맑게 비치고, 소재를 다루는 감성이 뛰어나고, 형상화하는 기법이 다양하고, 결구법이 매우 재치 있고 함축적이다. 문학의 독특한 경지를 열어 많은 사람들에게 감동과 희망과 빛을 안겨 주기 바란다. 《주간한국문학신문》 2017년 12월 20일(서울)과 《원주투데이신문》 2017년 12월 25일(강원도 원주)에서는 안예진 시인의 시 재능과 등단 과정을 자세히 보도하였다.

2018년 2월 21일

문학박사 · 시인/전 교육부 편수관 허만길

《주간한국문학신문》 2018년 4월 11일(서울)과 《원주투데이신문》 2018년 4월 9일(강원도 원주)에서는 안예진 시인의 시비 건립 소식과 시비 사진을 실었다. 《주간한국문학신문》에서는 시비 건립 과정, 규모, 앞뒷면 내용을 자세히 소개하였고, 《원주투데이신문》에서는 "시와 숲길 공원에 세워진 첫 시비는 안예진 시인의 스승인 허만길 문학박사의 시비인데, 스승과 제자의 시비를 한 공간에서 만날 수 있다."고 했다.

5. 맺는말

안예진 시인은 8남매(2남 6녀) 가운데 여섯째딸로 태어났으며, 가정환경이 어려워 중학교 2학년을 마치고 자퇴한 뒤 고등학교입학자격검정고시를 거쳐 33살에 방송통신고등학교에 입학하여 36살(2005년 2월)에 고등학교를 졸업했다.

안 시인은 평일에는 길거리 옷장사(노점상)를 하면서 방송통신고등학교 공부를 하여야 했고, 일요일 학교 출석 수업 날에는 아이를 데리고 수업을 받기도 했다. 붕어빵 새댁으로 불리며 붕어빵 장사를 하면서 공인중개사자격시험 공부를 하여 37살(2007년)에 공인중개사자격증을 받았다.

나(문학박사·시인 허만길)는 서울 경복고등학교 교사 재직 중 1974년 우리나라 방송통신고등학교 개설 초기 5년간 방송통신고등학교 학생들을 지도하고, 1978년에는 '방송통신고등학교 교가'를 작사하여 작곡을 의뢰하고, 그 이후에도 방송통신고등학교 교육에 관심을 기울여 왔으며, 2017년에는 '방송통신고등학교 교가' 음원을 제작하였다.

이런 가운데 나는 서울에서 2017년 5월 7일 개최된 전국방송통신고등학교 총동문회 주최 《전국방송통신고등학교 50년사》 편찬 발기인대회를 격려하면서, 강원노 원주에서 온 안예진 시인과 인사를 나누는 과정에서 안 시인의 모습에서 총명함과 맑은 품성을 발견하고 문학적 재능을 강하게 직감하였다. 그리고 5월 11일 안 시인에게 전화로 시 재능이 느껴지므로 시 공부를 해 보라고 권유하면서, 원한다면 이메일과 전화로 시 공부를 도와줄 수 있다고 한 것이 안예진 시인이 시 공부를 시작하게 된 계기였다.

안예진 시인은 그전에 시 공부를 한 적이 없었음에도 그의 시 재능은 신기할 정도로 빨리 발전하여, 시 공부 시작 6개월 만에 《순수문학》 2017년 12월호 신인작품 당선을 통해 시인으로 등단하였는데, 안 시인의 나이 48살 때이다. 그 이후 계속해서 안예진 시인의 시 창작 능력을 살펴본 결과 나는 안예진 시인이 천부적 시 재능을 지녔다고 평가하게 되었다.

 나는 안예진 시인의 스승으로서 제자 안예진 시인의 좋은 시와 시 재능을 널리 알리고, 안 시인처럼 어려운 여건을 이겨내면서, 재능을 발휘할 수 있는 노력을 하면 누구나 영광을 얻을 수 있다는 본보기를 보이기 위해 한국현대문학100주년 기념탑과 항일민족시인 추모단과 한국문인인물자료 100년 보존 타임캡슐과 많은 시인들의 시비가 있는 충남 보령시 시와 숲길 공원에 안예진 시인의 시비가 세워질 수 있도록 추천하여, 마침내 2018년 2월 21일 그의 시 '당신의 사랑'이 시비로 세워졌다. 시비의 앞면에는 안예진 시 '당신의 사랑'과 약력이 새겨지고, 뒷면에는 내가 지은 글 '안예진 시인의 문학 재능 기림'이 새겨졌다. 시인 등단 3개월째 되는 때였다.

 이어서 안예진 시인은 나에게서 시 공부를 권유받은 지 1년이 되는 때를 맞아, 2018년 5월 11일 시집 《첫사랑 당신》을 출판하게 되었으니, 등단 후 5개월 만에 내는 시집이다. 감격스러운 일이 아닐 수 없다. 이 시집은 안 시인의 좋은 시와 시 재능을 살펴볼 수 있는 기회가 될 것이다.

 안예진 시인의 시집 《첫사랑 당신》(2018년)에 실린 시들을 살펴보면, 안예진 시인의 시에는 '역경 극복과 향학열과 꿈 추구의 고귀한 가치 미학', '지극하고 애틋한 모성애', '요양병원에 있는 어머니를 향한 애절한 효심', '운명적 만남의 고귀한 사랑 찬미'가 잘 드러나 있으며, 매우 다채로운 시 창작 기교가 발휘되어 있음을 알 수 있다.

  안예진 시인의 시 창작 기교는 상상을 초월할 정도로 기발하고 능숙하다. 시인의 아름다운 마음이 맑게 비치고, 소재를 다루는 감성이 뛰어나고, 언어로 형상화하는 기법이 다양하고, 결구법이 매우 재치 있고 함축적이면서 효율적임을 보이고 있다. 시의 발상이 기발하고 그 기발한 발상을 결말에까지 전개해 나가는 과정이 매우 자연스럽고도 세련되어 있다.

  안예진 시인은 사랑을 제재로 한 시가 많다. 이들 사랑의 시들은 명시 수준으로 평가하고 싶다. 안예진 시인의 사랑 시는 한 편의 시를 완성해 내는 재능이 아주 뛰어나, 안예신 시인을 사랑 시의 마술사라고 평가하고 싶다.

  안예진 시인 시집 《첫사랑 당신》에는 표현적 미학의 우수성에다 시인이 온갖 역경을 극복하면서 값진 삶을 일구어 낸 고귀한 가치의 미학이 보석처럼 빛난다. 특히 길거리 옷장수와 붕어빵 장수를 지낸 천부적 시 재능을 지닌 시인이 꿈꾸는 운명적 만남의 고귀한 사랑을 찬미하는 시들은 읽는 이의 정서를 온전히 빨아들이는 마력을 지닌다.

6. 제자 안예진 시인에게 바라는 말

 나와 안예진 시인이 스승과 제자의 관계가 되어 스승으로서 안예진 시인의 천부적 시 재능을 발견하여 가르침을 줄 수 있었던 것은 큰 기쁨입니다. 안예진 시인이 힘든 환경과 어려운 여건에서도 꾸준히 시 재능을 발휘하기 위해 애쓴 것을 기립니다.
 스승과 제자의 관계이지만, 스승의 나이가 많고, 스승이 사는 곳이 서울이고 제자가 사는 곳이 강원도 원주인지라 만날 기회는 쉽지 않지만, 다른 방법으로 가르침과 배움을 이어 왔음을 다행으로 여깁니다.
 스승으로서 안예진 시인의 재능을 살피건대, 안예진 시인은 시뿐만 아니라 문학의 다른 부문에서도 뛰어난 재능을 갖추어 있으므로, 안예진 시인 나름의 독특한 문학의 경지를 열어 많은 사람들에게 감동과 희망과 빛을 안겨 주고, 문학 발전에 이바지해 주기 바랍니다. 특히 문학의 독특한 경지란 문학의 내용뿐만 아니라, 문학의 새로운 형태 창조까지도 뜻함을 유의해 주기 바랍니다.

■허만길

교육학 석사(서울대 대학원 국어교육학과). 문학박사(홍익대 대학원 국문학과). 시인. 소설가. 1971년 '복합문학' 창시. 국가 시행 세계 최연소 중학교교원자격증(18살) 및 최연소 고등학교교원자격증(19살) 받음

('기네스북' 한국편 등재). 정신대문제 첫 단편소설 '원주민촌의 축제'(1990년) 발표. 대한민국 광복 후 최초로 1990년 대한민국 임시정부자리 보존운동 성과 (충남 보령시 '시와 숲길 공원'에 허만길 시비 '대한민국 상하이 임시정부자리' 건립). 교육부 편수관·교육부 국제교육진흥원 강사·서울 당곡고등학교 교장·한국진로교육학회 이사 역임. (현재) 국제PEN한국본부 이사. 한국현대시인협회 이사. 한국소설가협회 중앙위원. 저서: 학술서 '한국현대국어정책 연구', 복합문학 '생명의 먼동을 더듬어', 시집 '아침 강가에서' 등 15권

순수시선 585

첫사랑 당신

안예진 지음

2018. 5. 10. 초판
2018. 5. 11. 발행

발행처 · 순수문학사
출판주간 · 朴永河
등   록 제2-1572호

서울 중구 퇴계로48길 11 협성BD 202호
TEL (02) 2277-6637~9
FAX (02) 2279-7995
E-mail ; seonsookr@hanmail.net

· 저자와의 합의하에 인지를 생략함
· 잘못된 책은 바꾸어 드립니다

ISBN 979-11-86171-75-2

가격 10,000원